AF339913

LES
PATRONS DU RADICALISME

OU
L'HISTOIRE LAMENTABLE
DE THIERS ET GAMBETTA

A PROPOS DES ÉLECTIONS

Extrait du Chapitre V de la Brochure : **Qui vive ?**

PAR UN PATRIOTE LORRAIN

« Il n'est certainement entré dans la
« pensée de personne que le Président de
« la République, qu'un Maréchal de
« France, le vainqueur de Magenta et de
« Malakoff, se résignerait jamais à devenir
« le jouet des factions et des passions
« radicales et l'instrument passif de leurs
« exigences. »

(Discours prononcé à l'Assemblée nationale par
M. Buffet, le 24 décembre 1875, et solennellement
approuvé par M. le maréchal de Mac-Mahon,
par sa lettre du 25 décembre 1875.)

PARIS

CHEZ LES PRINCIPAUX LIBRAIRES

NANCY	MIRECOURT
, LIBRAIRE-ÉDITEUR	CHASSEL, IMPRIMEUR
e du Manége, 3	Rue de l'Hôtel-de-Ville

1877

LES
PATRONS DU RADICALISME

OU

L'HISTOIRE LAMENTABLE
DE THIERS ET GAMBETTA

A PROPOS DES ÉLECTIONS

Extrait du Chapitre V de la Brochure : **Qui vive ?**

PAR UN PATRIOTE LORRAIN

> « Il n'est certainement entré dans la
> « pensée de personne que le Président de
> « la République, qu'un Maréchal de
> « France, le vainqueur de Magenta et de
> « Malakoff, se résignerait jamais à devenir
> « le jouet des factions et des passions
> « radicales et l'instrument passif de leurs
> « exigences. »

(Discours prononcé à l'Assemblée nationale par
M. Buffet, le 24 décembre 1875, et solennellement
approuvé par M. le maréchal de Mac-Mahon,
par sa lettre du 25 décembre 1875.)

PARIS

CHEZ LES PRINCIPAUX LIBRAIRES

NANCY	MIRECOURT
WAGNER, LIBRAIRE-ÉDITEUR	CHASSEL, IMPRIMEUR
Rue du Manége, 3	Rue de l'Hôtel-de-Ville

1877

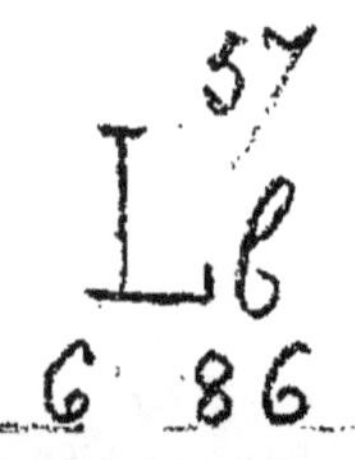

MIRECOURT, TYP. CHASSEL.

LES
PATRONS DU RADICALISME

OU

L'Histoire lamentable de Thiers et Gambetta.

CHAPITRE V.

Les Patrons du Radicalisme.

HISTOIRE DE DEUX PRÉTENDANTS.

. THIERS. — Les enseignements du passé. — Portrait satirique mais ressemblant.—Ambition du petit bourgeois. — La politique de bascule. — Moi seul, et c'est assez ! —'La guerre, le 4 septembre et l'Assemblée nationale. — Trahison et déconfiture. — La libération du territoire et l'hôtel de la place Saint-Georges. — Le cheval de renfort et le tombereau radical. — Le Capitole à tout prix ! — Gare la roche tarpéienne !!!

II. GAMBETTA. — Pronostics de jeunesse. La vie de bohème du café Procope. — Le procès Baudin. — Enfin la démocratie a son tribun. — Le Gouvernement de la Défense nationale. — En ballon. — Ministre de la guerre et Ministre de l'Intérieur. — La commission des Marchés. — Comment un dictateur s'enrichit. L'hôtel de la Chaussée-d'Antin. — Les lauriers de la guerre et les orangers de Saint-Sébastien. — Rentrée en scène. La manie du balcon. Un foudre d'éloquence. — La République du « *Fou furieux* » Opportunistes et intransigeants. — Faites place à la bosse de Naquet ! Honte et Décadence du peuple français.

Electeurs recueillez-vous, le moment solennel approche, oubliez aujourd'hui toutes les paroles qui, depuis un mois, ont été murmurées à votre oreille, tous

les conseils perfides que les radicaux vous ont donnés,
tous les articles dont les journaux vous ont inondés ;
et dans votre indépendance, ayant pour seul guide la
raison, pour unique but la grandeur de votre pays,
prenez une décision suprême. Ne demandez qu'à l'im-
partiale histoire les inspirations de votre conduite.

L'esprit humain a ses passions, ses entraînements,
ses doutes ; l'histoire seule a la froide sévérité de ce
qui n'est plus. Elle seule n'est pas soumise aux inces-
santes fluctuations de l'humanité mobile, elle seule
garde l'immortelle et fidèle empreinte des grandeurs
et des faiblesses de l'homme ; elle seule, aux heures
solennelles qui vont sonner pour la France, a droit au
silence et au respect de sa voix puissante.

Ecoutons-la donc cette voix, recueillons précieusement
ses échos, en étudiant d'après les témoignages contem-
porains (1) la physionomie multiple et les phases de
toute la carrière politique des deux hommes qui se sont
donné la main, pour devenir les parrains ou les patrons
de la République radicale, notre phylloxera politique.

I.

LE PREMIER C'EST M. THIERS.

Le parti républicain énervé par l'opportunisme qui
lui a enlevé son originalité, tiraillé du centre gauche
à l'intransigeance, abattu par le coup de légalité du 16
mai, ne savait plus où donner de la tête ; Gambetta
fléchissait, il lui fallait une doublure ; Louis Blanc,
Naquet et Madier de Montjau criaient à la trahison.

---

(1) *Histoire de la Restauration.* A. NETTEMENT. — *Histoire contemporaine :* A. GABOURD. CHANTREL. — *Etudes et biographies diverses,*
E. DE MIRECOURT, L. VEUILLOT, F. MAGNARD, etc. etc., — *Souvenirs
d'histoire contemporaine,* Baron DE BOURGOING. *Journaux* et *Revues* de
1870 à 1877.

Les communards parlaient de se résigner et d'attendre des temps plus propices, lorsque M. Thiers s'est offert à eux, en leur disant :

« Rien n'est perdu, puisque je suis là ! Je n'ai pas votre opinion mais je serai votre chef. Je vous ai fait tirer des coups de fusil mais je vous donnerai des certificats de civisme près des électeurs. Vous vous ferez tout petits et serez doux, pour ne pas les effrayer, et vous passerez, grâce à moi, comme l'armée des Lilliputiens entre les jambes du capitaine Gulliver. Je serai votre témoin, votre endosseur, votre garant. »

Et ce jour là, M. Thiers s'est révélé avec une intensité de fièvre ce qu'il avait été toute sa vie, UN AMBITIEUX et un BROUILLON.

Les générations actuelles ont vu un M. Thiers idéalisé, d'abord par la vogue qui s'attachait, sous l'Empire, aux hommes de l'opposition, ensuite par un concours extraordinaire de circonstances. Dans l'immense désarroi qui suivit le 4 septembre, M. Thiers représenta l'idée de raisonnement, de négociation, de paix, en face de ceux qu'il traita depuis de « *fous furieux* » et qui sont ses compères aujourd'hui. Il faut se reporter aux innombrables documents sérieux ou anecdotiques du règne de Louis-Philippe et de l'Empire, pour retrouver l'impression que faisait jadis ce petit homme que crayonnait Cormenin en une esquisse terrible.

« Il ressemble, dit-il, à ces petits perruquiers du Midi qui vont de porte en porte offrir leur savonnette. Il a dans son babil quelque chose du gamin. Sa voix nasillarde déchire l'oreille. Le marbre de la tribune lui va à l'épaule et le dérobe presque à son auditoire. Disgrâces physiques, défiance de ses ennemis et de ses amis, il a tout contre lui. »

Un pamphlet de 1832 (Biographie de M. Thiers, par

un locataire de Sainte Pélagie), puis l'étude de Lave-Weimars, dans la *Revue des Deux Mondes*, et enfin le Rivarol de 1842 forcent encore la note :

« Gamin de Paris qui a abusé des licences d'un carnaval politique pour s'affubler d'un manteau d'homme d'Etat.

Espèce de clerc d'huissier dictateur. Moitié Crispin, moitié Verrès.

Grand homme de la hauteur d'un sifflet.

La plus illustre et la plus puissante pécore de ce siècle.

Historien, il donne la main à la révolution par derrière. Ministre, il donne la main à la monarchie par devant ; son esprit et son cœur mentent entre deux.

Orateur vain, présomptueux et brouillon, il caquette audacieusement à la face de l'univers et se gaudit à la tribune comme un sapajou sur le tronc d'un cocotier, ou comme une grive autour d'un gui (*Profils parlementaires*, L. de la Combe.)

On dirait qu'il n'aime le pouvoir que pour l'argent qu'il rapporte et avoir la joie de l'avilir.

Le Prince le craint comme Cromwel aurait pu craindre le grain de sable qui lui donna la mort, s'il lui avait été donné de le prévoir.

Le peuple le méprise comme un Judas saltimbanque. »

En dépit des années qui nous séparent de cette époque, le portrait n'a pas vieilli.

Le grand homme d'aujourd'hui est encore le petit Thiers, le Mirabeau-mouche, le *Foutriquet* du maréchal Soult, le même moulin à paroles, le même touche-à-tout politique, qui s'écriait à la tribune douze jours avant la chute du roi Louis-Philippe : « *Je suis, je serai toujours le parti de la Révolution. (12 fév. 1848)*.

On voit qu'il tient à ne pas manquer de parole.

Le rôle de M. Thiers dans notre histoire est un problème fort compliqué. Je l'ai étudié bien longtemps ; j'ai fini, je crois, par le résoudre et par trouver la formule. M. Thiers c'est « la Révolution opérée au moyen des conservateurs. » L'homme et l'œuvre sont fidèlement résumés dans le mot.

Nul mieux que lui ne sait découvrir le point faible d'un gouvernement, autre que le sien, et porter le coup mortel ; nul ne sait mieux intriguer, noüer une coalition, faire marcher ensemble des gens qui s'exécrent, employer sans se compromettre des auxiliaires compromettants, tout préparer pour la ruine de la maison et laisser à d'autres la responsabilité du dernier coup de pioche, en un mot, harceler, piquer, fatiguer un gouvernement comme le picardor espagnol fatigue le taureau, et le mettre à point pour le coup d'épée de la Révolution.

Sous la Restauration, il rédigea le *National* avec Armand Carrel et M. Mignet. Et là, débarrassé du contrôle qui parfois lui pesait au *Constitutionel*, il donna carrière à toute sa fougue, et quand on nous reproche la violence de la polémique dirigée contre lui, il n'est pas sans intérêt de reproduire un échantillon de la sienne.

« Que le ministère raisonne, écrivait-il en 1830, qu'il prie, qu'il menace, on n'en tiendra compte. Il aura beau imiter une voix auguste et dire : « Je suis le roi ! écoutez-moi ; » on lui répondra : « Non ! vous n'êtes pas le roi, vous êtes M. de Polignac, l'entêté, l'incapable ! Vous êtes M. de Peyronnet le déplorable ; M. de Bourmont, le déserteur ; M. de Montbel, l'humble dupe ; M. de Chantelauze, le jésuite... »

La Restauration veut-elle, avant de tomber, planter le drapeau blanc sur la terre africaine et conquérir une colonie pour remplacer celles que l'Empire et les Cent Jours ont fait perdre à la France ? M. Thiers multiplie ses efforts, mais en vain, contre cette patriotique tentative.

Deux mois plus tard, Alger était pris ; mais le petit Thiers avait acculé le roi dans la Charte, avait signé la protestation des journalistes et la Restauration succombait. Et pendant que la « *sainte canaille* » comme dit M. Auguste Barbier, renversait le trône de Charles X, M. Thiers se réfugiait à Montmorency, et quand le canon se fut tu, il rentra dans Paris, pour mettre de nouveau le pied à l'étrier, enfourcher son dada préféré, l'opposition, et devenir ministre du roi Louis-Philippe qui ne l'aimait pas beaucoup.

C'est en cette qualité de ministre de l'Intérieur de la Monarchie de Juillet que le « petit bourgeois » comme lui-même se définit plus tard, se chargea d'une triste besogne. Il acheta, de l'infâme Deutz, le secret de la retraite de la malheureuse duchesse de Berry et il essaya de la déshonorer par la captivité de Blaye. M. Thiers a bien des courtisans aujourd'hui, bien des thuriféraires, bien des flatteurs, beaucoup d'entre eux sans doute ont oublié le long martyr imposé à une princesse, à une mère. On espérait tuer le parti en divulgant les faiblesses de la femme. Aucun homme de cœur ne voudrait avoir un acte semblable dans sa vie, mais M. Thiers a toujours tout sacrifié au pouvoir.

M. Thiers n'a pas de principes ; sa seule conviction c'est son intérêt du moment. Il a toujours fait de la politique au jour le jour, acceptant les événements, les amis et les ennemis tels que les lui amenait le hasard ; préoccupé d'une seule chose : *gouverner seul* ; faire des ministères les succursales de son cabinet de travail, des journaux les succursales de ses ministères, et prétendre que cette opinion asservie est la seule bonne, la seule vraie.

M. Thiers est un Césaricule, un despote en chapeau gris. Conservateur à sa manière, pourvu qu'on s'en rapporte à lui, il garantit l'ordre, la paix, la prospérité et la stabilité Mais veut-on se passer de lui, le vieil homme reparaît, brassant des intrigues, organisant des coalitions, régularisant le désordre avec la même ardeur qu'il mettait tout à l'heure à le réprimer.

Toute sa politique sous Louis-Philippe se résume par ce système de bascule, appelé *politique de juste milieu*. (1).

Ce sera, comme nous le verrons, celle de toute sa vie.

Le grand art, le principal mérite du petit Thiers est d'avoir toujours été très-muni de parapluies. Il ne se contente pas d'en avoir de bleus, de rouges ; il en a d'autres de nuances variées ; il en a même un blanc, d'un blanc « éprouvé »

Il consulte le temps et la rue ; et sous le parapluie qui peut mieux le protéger, il passe ; et en passant il rit.

En 1840, après avoir eu longtemps à lutter contre l'influence prépondérante et la nature supérieure de MM. Guizot, de Broglie et comte Molé, M. Thiers devint enfin, le 1er mars, grâce à l'alliance des centres et de la gauche, l'arbitre des destinées de la France. Il eut cette joie ineffable de créer un ministère dont il était l'âme.

Sous l'influence persistante de Madame Dosne, sa belle-mère, qu'on avait plaisamment appelée « sa bonne » ou « madame mère » il voulut pousser la nation à une

---

(1). C'est à cette occasion qu'un député plus indépendant s'écriait : « *En bonne vérité nous prend-on pour des canules ?* »

guerre qu'il espérait diriger, dépensa huit cents millions en préparatifs belliqueux et mérita le surnom de Mars 1er. Mais quand, sous la pression de l'opinion qui repoussait la guerre, il se vit obligé d'accéder, par la note du 8 octobre, au traité du 15 juillet qui excluait la France de toute action dans les affaires d'Orient, il n'eut plus qu'à donner sa démission.

Ce coup lui fut d'autant plus sensible qu'en arrivant aux affaires, il s'était cru le maître de la France; on comprend dès lors quelle profonde amertume lui inspirèrent sa chute et ce ministère du 29 octobre qui devint l'objectif d'une lutte sans merci.

« *L'esprit révolutionnaire*, disait un jour M. Thiers au docteur Véron, qui cite cette confidence dans ses Mémoires, *se compose de passions pour le but et de haine pour ceux qui font obstacle.* »

Il avait fallu une révolution pour faire de M. Thiers un ministre. Il en voulut une autre pour venger son portefeuille perdu. Il mit huit ans à renverser la dynastie d'Orléans, et il y parvint sans s'en douter.

Il ne voulait pas tuer la monarchie de juillet, mais avec tout son esprit, destiné, selon le mot de Tailleyrand, à «perdre la France » il agit comme les sauvages qui abattent l'arbre par le pied pour en avoir les fruits et ne peuvent pas comprendre le lendemain comment l'arbre est mort.

M. Thiers fut l'inspirateur de la campagne des banquets, sans y paraître, bien entendu, pas plus qu'il n'avait paru sur les barricades en 1830. On raconte pourtant qu'en 1827, lors des troubles de novembre, M. Thiers avait reçu.... quelque part, un coup de pied d'un gendarme qui ignorait ses grandeurs futures.

Cet incident le dégoûta à jamais des émeutes actives.

Le trône en s'écroulant sur M. Thiers, ne le démonta

pas. Cet homme coûtait déjà à la France quelque chose comme 500 millions : c'est le moindre chiffre auquel on puisse évaluer les frais de deux révolutions.

Et la France en avait-elle pour son argent au moins. Quels bienfaits lui avait apporté M. Thiers ?

« Il a été, disait M. de Girardin en 1848, ministre du commerce, ministre de l'intérieur, ministre des affaires étrangères. Est-il une seule amélioration, une *seule* à laquelle il ait attaché son nom ? Est-il un seul abus, un *seul*, dont la suppression lui soit due ? Faire des discours de trois heures sur l'Espagne, l'Egypte, Montevideo, la Suisse, l'Italie, user sa vie à piétiner dans l'intrigue sans avancer, tout ajourner, ne rien résoudre, enterrer les questions, voilà ce que M. Thiers appelle gouverner. Au bout de cela qu'y a-t-il ? une révolution. »

Sous la seconde république, M. Thiers, qui ne se sentait pas désarçonné par la surprise du 24 février, continua à intriguer, chauffa la candidature du prince Louis et ne l'abandonna que quand il le vit résolu à agir par lui-même.

De même que Thiers avait préparé la révolution de 1848, il avait ouvert la porte à l'Empire en dirigeant contre le Président de la République, la loi du 31 mai. Il s'aperçut de son erreur et s'écria : *l'Empire est fait !*

Il était un peu tard ; et nous dirons que M. Thiers joue ici le rôle de Gribouille repentant, qui s'étant jeté dans la rivière de peur de se mouiller, s'aperçoit qu'il ruisselle, une fois qu'il a de l'eau jusqu'au cou.

M. Thiers ne reparut dans la politique active qu'après les élections de 1863. En 1864, il prononça le fameux discours sur les libertés nécessaires (liberté individuelle, liberté parlementaire, responsabilité ministérielle) ; en 1868, lors de la discussion sur l'organisation de la garde mobile, il crut se montrer prévoyant et habile en se moquant de l'effectif des armées prussiennes.

« *On nous présentait, l'autre jour*, dit-il, des chiffres de douze, de treize et quinze cent mille hommes comme étant ceux que les différentes puissances peuvent mettre sous les armes (il s'agissait de la Prusse victorieuse à Sadowa), *eh bien ! ces chiffres-là sont parfaitement chimériques !..*

« Est-ce que vous n'aurez pas toujours deux ou trois mois, c'est-à-dire plus qu'il ne vous en faudra pour organiser la garde nationale mobile et utiliser ainsi le zèle des populations. *D'ailleurs, les volontaires afflueront.* Vous vous défiez beaucoup trop de votre pays. »

O Gribouille ! Hélas ! les événements désastreux de 1870 devaient bientôt lui ouvrir les yeux.

En 1869, M. Thiers eut beaucoup de peine à être réélu, et le lendemain de son élection, dans le *National*, qui devait être son journal officieux, M. Rousset, qui devint un de ses confidents, écrivait :

« M. Thiers est à nos yeux l'incarnation la plus réelle du principe autoritaire et répressif, prêt, pour arriver à ses fins, à se couvrir de tous les masques, et n'ayant d'autre libéralisme que celui qui peut l'aider à ressaisir le pouvoir. »

Eh ! Eh ! M. Rousset n'avait pas absolument tort. Mais que M. Thiers a dû rire, quand il était traité de *Clérical*. Ce qui a toujours été une grosse injure de la part du *National !*

C'est qu'effectivement, par esprit d'opposition plutôt que par vertu, Monsieur Thiers a été *clérical* et *ultramontain*.

Voici comment M. Thiers, devenu l'allié des Gambetta et des Naquet, s'exprimait dans un rapport fameux qui se rattachait à l'expédition de Rome :

« L'unité catholique serait inacceptable si, au milieu du territoire que les siècles ont assigné au Souverain-

Pontife, un autre souverain, prince ou peuple, s'élevait pour lui dicter des lois. Pour le pontificat, il n'y a d'indépendance que dans la souveraineté même. C'est là un intérêt de premier ordre, qui doit faire taire tous les intérêts particuliers des nations ! »

Si un seul des membres du cabinet du 16 mai avait dans son dossier politique une semblable déclaration, que diraient les journaux inspirés par MM. Thiers et Gambetta ?

Nous arrivons à des événements plus récents, à la date néfaste du 4 septembre. C'est à Thiers qu'on doit cette journée. Il prépara, il dirigea cette bataille comme M. de Moltke avait préparé, dirigé celle de Sadowa, sans se montrer. Ne l'ayant pas vu, le 4 septembre, sur le champ de bataille, ni le 5, parmi les triomphateurs, on le crut étranger à l'événement.

Sans lui cependant, sans la puissante diversion qu'il opéra vers la fin de l'affaire, la majorité revenue à elle exécutait un retour offensif et dispersait les émeutiers. Le 4 septembre avortait ; ce n'était qu'un 15 mai.

Demandez aux anciens membres du corps législatif ce que M. Thiers faisait, si agité, si affairé dans les couloirs du palais Bourbon, pendant les derniers jours de l'Empire, allant d'un groupe à l'autre et attisant le feu de la Révolution. Il était souvent mal reçu, même par ceux qui n'avaient pas pour l'Empire de vives sympathies et par l'honnête M. Buffet, qui lui disait avec indignation : « *Oh ! Monsieur Thiers ! dans un pareil moment, pouvons-nous avoir d'autres préoccupations que le salut du pays ?* »

Mais le salut du pays préoccupait peu « le sinistre vieillard, » il aspirait au pouvoir. Et, comme il lui sembla que son heure n'était pas encore venue, il refusa d'entrer dans la combinaison du *gouvernement de la*

Défense nationale et quitta Paris pour se faire, disait-il, près des cours étrangères l'avocat de la France, mais en réalité pour conquérir ainsi, près de ses concitoyens, un regain de popularité qu'il exploiterait plus tard.

A son retour de ce voyage sans succès, vingt-six départements monarchiques le choisirent pour député, et l'Assemblée de Bordeaux, sans vouloir fonder un régime définitif, sans même organiser sérieusement un régime provisoire, lui confia la tâche de conclure la paix.

Or après avoir accepté ce mandat présidentiel et conservateur, après avoir fait les engagements les plus solennels de ne pas toucher à la constitution politique, M. Thiers se mit avec une ardeur ambitieuse à former un parti républicain ; il travailla à organiser la République à son profit ; il eut même la pensée de perpétuer la présidence, et je crois que s'il avait eu vingt ans de moins, il se fut laissé imposer le divorce par les républicains qui voulaient de sa graine.

Nous n'avons pas besoin de rappeler comment un rôle aussi perfide doit être qualifié dans le langage des honnêtes gens. Mais voici en quels termes flétrissants il est jugé par M. Thiers lui-même :

Séance du 10 mars 1872.

M. Thiers. — Quel est notre devoir à nous ? Quel est mon devoir à moi, que vous avez, je dirai, accablé de votre confiance? C'est la *loyauté* envers tous les partis qui divisent la France et qui divisent l'Assemblée.

Ce que nous leur devons à tous, *c'est de n'en tromper aucun, c'est de ne pas nous conduire de manière à préparer à votre insu une solution exclusive qui désolerait les autres partis.* (Très-bien).

Non, messieurs, *je le jure devant le pays,* et si j'osais

me croire assez important pour parler de l'histoire, je dirais je le jure devant l'histoire *de ne tromper aucun de vous, de ne préparer sous le rapport des questions constitutives aucune solution à votre insu, ce qui serait de notre part, de ma part, une sorte de trahison !* (Vifs applaudissements)

« Je dirai donc, monarchistes, républicains, non, *ni* « *les uns, ni les autres, vous ne serez trompés* ; nous « n'avons accepté qu'*une mission*, déjà assez écrasante ; « *nous ne nous occuperons que de la réorganisation* « *du pays.*

« *Nous ne travaillerons qu'à cette œuvre,* déjà bien « *assez difficile....* »

« Trahison », le mot est de M. Thiers sur M. Thiers. Il restera le jugement définitif acquis à l'histoire sur la dernière période de la vieillesse politique de M. Thiers. C'est celui que les conservateurs de toutes nuances emprunteront à l'ex-président lui-même pour qualifier l'alliance nouvelle et définitive de M. Thiers avec les radicaux, qu'il a si énergiquement répudiés autrefois quand il jouait encore à la comédie conservatrice.

Sous une forme ou sous une autre, nous ne cesserons de présenter aux honnêtes gens et aux hommes de bonne foi de tous les partis, même du sien, l'opinion de M. Tiers sur la République :

La voici de nouveau :

« La République a été essayée d'une manière démonstrative. On vous dit tous les jours : Ce n'est pas la République·sanglante que nous voulons : Nous la voulons paisible et modérée. Eh bien ! on commet une erreur grave quand on dit que l'expérience n'a pas porté sur les deux points. Dans ces dix ans, il s'est fait en France une expérience concluante. . Aussi la France

en a horreur. Quand on lui parle de République, elle
recule épouvantée ; elle sait que ce gouvernement
tourne au sang ou à l'imbécilité ! »

Et dans son message du 13 novembre 1872, M. Thiers
fit encore cette déclaration :

« *Tout gouvernement doit être conservateur, et nulle*
« *société ne pourrait vivre* sous un gouvernement qui
« ne le serait point. *La République sera conservatrice*
« *ou ne sera pas.* »

Lorsque, — il n'y a pas bien longtemps encore, —
l'*Indépendance belge* lui reprochait de telles paroles,
M. Thiers écrivit à ce journal :

« Les pages que vous avez bien voulu m'emprunter,
je les écrirais encore ; car, vous le savez, JE NE CHANGE
JAMAIS d'opinion. »

Malgré cela, par quel rude Calvaire M. Thiers pendant deux ans n'a-t-il pas fait passer la majorité pour
arriver du *pacte de Bordeaux* à l'*essai loyal* et enfin à
la proclamation de la République ?

Chaque fois qu'il imposait à la pauvre Assemblée
une de ces cruelles étapes, M. Thiers la couronnait de
fleurs, l'enveloppait dans un nuage d'encens : « Vous
êtes la souveraine, je suis l'esclave. Si jamais mon
service vous déplait, oh ! dites-le moi ; avec bonheur
je reprends ma liberté. » D'autre fois, l'hypocrite,
quand il éprouvait un échec dans un vote, il affectait
d'être furieux ; mais il faisait en sorte de ne pas l'être
assez pour se faire casser les reins. Vite il devenait
caressant, soumis ; et plus vite encore, s'il faisait mine
de se retirer, la candide majorité saisissait un pan de
l'illustre redingote marron et remettait le pauvre
vieillard sur son siége.

Tant que le sol national était resté envahi par les
armées allemandes, l'Assemblée s'était patriotiquement

effacée devant M. Thiers, laissant agir le Président de la République, trop enclin, hélas ! à condamner ceux qui prétendaient contrôler de trop près les tendances dangereuses de son gouvernement.

L'homme qui, selon sa propre expression, avait fait tuer, « *la loi à la main* » trente mille républicains dans les rues de Paris en mai 1871, en était arrivé à faire de ses ennemis les plus acharnés de la veille, les soutiens les plus ardents de son pouvoir. Par une illusion d'optique d'autant plus incroyable, que les fauteurs de désordre avaient déjà impunément reconquis leur audace, les gens se laissaient intimider par les clameurs menaçantes des nouvelles couches sociales. Tandis que les conservateurs tremblaient d'épouvante, les radicaux triomphaient, chantaient les louanges de M. Thiers, sauveur de la patrie et seul libérateur du territoire.

C'est alors que la majorité de l'Assemblée, officiellement attaquée tous les jours par les gazettes présidentielles, qui tendaient à la faire succomber sous la déconsidération et le ridicule, s'indigna de voir systématiquement méconnaître ses intentions patriotiques et résolut d'agir énergiquement contre le dépositaire infidèle du pouvoir, qui en était arrivé à faire ostensiblement cause commune avec les radicaux pour demander, ce qu'ils reprochent aujourd'hui à Mac-Mahon, la dissolution du Parlement.

C'en était trop. Le 24 mai 1873, l'Assemblée était à bout d'indulgence. Elle se redressa, pour ainsi dire, tout d'une pièce et renversa, sans plus de façon, celui qui s'était décerné à lui-même le titre d'honneur présidentiel, pour faire croire qu'il était pro

Ce soir-là, en apprenant sa disgrâc
pleura de dépit. Fut-on ingrat com

comme tend à le faire croire la popularité de M. Thiers ?

Evidemment la libération du territoire est un fait non-seulement important, mais éclatant de nature à frapper les esprits. L'emprunt de trois milliards surtout donna à ce fait une réalité tangible et palpable. Trois milliards ! Il y a là-dedans de quoi donner le vertige. Aussi la foule, qui colle toujours un nom comme une étiquette sur les sensations qu'elle éprouve, a-t-elle associé le nom de M. Thiers au fait de la libération.

A coup sûr, M. Thiers n'y a pas nui ; nous nous permettrons cependant une simple question.

Etant données les prodigieuses ressources de la France, ses richesses agricoles et industrielles, sa puissance de travail et sa puissance d'épargne, est-il un gouvernement qui n'eût pas réussi à libérer le territoire ? Supposez, je ne dis pas la monarchie restaurée ou l'empire rétabli, mais mettez à la place de M. Thiers, ou M. le maréchal de Mac-Mahon, ou M. le duc de Broglie, ou M. Buffet, ou M. le duc d'Aumale, mettez à sa place — nous allons peut-être risquer une hérésie — M. Gambetta lui-même, s'il gouverne raisonnablement, il trouvera trois milliards à emprunter, surtout quand la spéculation s'en mêlera et fournira de beaux bénéfices aux souscripteurs.

Il faut donc, tout en remerciant M. Thiers, rendre grâce à la Providence qui a fait la France si riche et si belle, qui lui a donné des prairies et des plaines à blé, des vignobles et des houblonnières, la Beauce et la Bourgogne, la Flandre et la Provence.

Il faut surtout, puisque M. Thiers ne proteste pas contre la complicité que lui infligent les radicaux, puisqu'il se prépare à devenir le chef d'une coalition nouvelle, nous rappeler de quel prix les coalitions d'autrefois ont fait payer à la France l'honneur d'être gouvernée par

un homme que Louis-Napoléon appelait un « gâte
sauce » et qui osait écrire un jour au futur maréchal
Vaillant (alors directeur des fortifications de Paris). « Le
mensonge est le nerf du régime parlementaire ; et tout
est bien, pourvu qu'on obtienne le résultat qu'on
désire. »

Il est des gens naïfs qui naguère encore admiraient
l'apparente résignation de M. Thiers, et qui prenant à
la lettre *le retour aux chères études*, présentaient l'ex-
président comme un autre Cincinnatus.

« Lui ambitieux, disaient-ils, lui, capable d'intriguer
pour revenir au pouvoir, à ce pouvoir qu'il a si djgne-
ment abandonné ; que vous le connaissez mal ! eh puis,
songez donc, il a quatre-vingt-deux ans ; c'est-à-dire la
caducité avec tout son cortége d'infirmités, d'appré-
hensions de la mort... croyez-le bien, il n'aspire qu'au
repos. »

Ceux qui pensaient et qui parlaient ainsi savent
maintenant à quoi s'en tenir. Jamais l'homme qui a suc-
cessivement perdu tous les gouvernements qu'il a servis,
pour la seule satisfaction de ses intérêts, n'a été dévoré
de plus d'ambition, et de haine plus implacable. Ce n'est
plus seulement cette manie légendaire d'opposition
dont sa «*très-intelligente*» femme disait : « *Le jour où il
n'a personne à attaquer, il s'attaque lui-même* » c'est
je ne sais quelle rage maladive et sénile qui chez lui se
fait jour, rien qu'à entendre prononcer le nom du maréchal de Mac-Mahon.

Pour ressaisir le pouvoir que la nation lui a enlevé
dans une heure de justice, M. Thiers ne recule devant
aucune monstruosité politique.

Il a qualifié M. Gambetta de fou furieux et le voilà
compère et compagnon avec M. Gambetta ! (1)

(1) C'est M. Thiers qui a fait sentir au parti républicain l'imprudence

Il a flétri les radicaux et le voilà qui embrasse les radicaux.

Il a prédit que la « République serait conservatrice ou qu'elle ne serait pas » et le voilà qui déclare la guerre, une guerre sans merci aux conservateurs.

Il a combattu les communards et le voici qui fait alliance offensive avec ceux qui, aujourd'hui, se disent hautement les amis des assassins et des incendiaires.

Le pays a acclamé le maréchal de Mac-Mahon et il lui faut le renversement du maréchal, dût-il, pour s'asseoir sur ce fauteuil présidentiel d'où il a dû descendre, se faire un marche-pied des ruines de la France.

Les déclarations réitérées des journaux républicains, celles des chefs autorisés de tous les groupes rouges, depuis les intransigeants qui crient : vive l'amnistie, jusqu'aux modérés qui crient : vive moi ! ne laissent aucun doute sur ce point. M. Thiers est le chef avoué, encensé de la coalition criminelle qui tend à déposer le Maréchal.

Il lui faut sa revanche du 24 mai, à cet homme néfaste.

qu'il y aurait de paraître obéir à un homme de si peu de tenue, encore tout imprégné des habitudes de l'estaminet et du bouge, sans élégances bourgeoises, sans prestige gouvernemental, et n'inspirant d'ailleurs qu'une considération très-relative aux hommes des faubourgs.

« M. Gambetta, aurait dit le patriarche de la place Saint-Georges, est toujours un étudiant de quinzième année. Il n'a pas su au pouvoir acquérir les allures d'un homme d'Etat ; il sort encore quelquefois en chapeau mou ; son coupé a l'air d'une voiture de remise ; il loge, ou plutôt il campe, dans les bureaux d'un journal ; il mange trop souvent au restaurant en mauvaise compagnie. Nulle part il n'est chez lui ; même à la tribune, il paraît être au café ; il n'a ni femme, ni salon, ni salle à manger ; c'est un bohème qui voudrait faire le grand seigneur et qui n'arrive même pas à imiter les grâces d'un chemisier enrichi ou le luxe d'un coulissier engraissé. Il effrayera sûrement les bourgeois. — Quant aux hommes d'action, ils le connaissent depuis longtemps et savent bien qu'en fait de barricades il n'a jamais défendu que celle de Baudin à la 6e chambre. Il faudrait donc trouver — quelqu'un de mieux pour présenter le parti à la France. »

A cet effet, l'hôtel de la place Saint-Georges (1) est devenu le centre des réunions des ennemis du pays ; là se rencontrent les citoyens Marcou, Lepère, Ordinaire, Naquet, Madier de Montjau, en compagnie de MM. Léon Say, Jules Simon, Jules Ferry, etc.

C'est là qu'on discute et qu'on arrête les plans des opérations anti-patriotiques qui doivent jeter le pays dans une épouvantable conflagration, si Dieu permettait que ces projets réussissent.

Nous ne voulons pas assombrir par des prévisions sinistres une situation déjà bien grave ; mais nous demandons ce que serait M. Thiers, si, ce qu'à Dieu ne plaise, il était de nouveau ramené au pouvoir par un coup de bascule de la politique ?

M. Thiers serait le représentant du radicalisme, de la démagogie, je ne dis même plus de la Révolution.

Derrière lui, à ses côtés plutôt, il ramènerait Gambetta donnant la main à Rémusat, Challemel-Lacour accolé à Dufaure, Naquet associé à Casimir Périer, Tolain bras dessus bras dessous avec Léon Say. Quelles alliances ! quel alliage !

Il serait banal aujourd'hui de rappeler le mot de « cheval de renfort » appliqué à M. Thiers par des républicains singulièrement dépassés aujourd'hui, et qui, en effet, se sont servis de ses jarrets et de son poitrail pour hisser la charrette jusqu'à la République

---

(1) Cet hôtel de la place Saint-Georges est le même qui fut brûlé par les communards en 1871 et pour la reconstruction duquel la Chambre donna à M. Thiers plus d'un million de francs.

De la part de la Chambre c'était un devoir de voter ce million ; mais M. Thiers qui est riche, qui n'a pas d'enfants, n'a pas eu la convenance de refuser.

Il a trop d'esprit pour être grand. Chose plus odieuse pour M. Thiers c'est que après avoir encaissé l'argent de l'Etat il s'opposait au vote de 200 millions destinés aux provinces ruinées par la guerre. Il ne fallut rien moins que l'éloquence persuasive de M. Buffet pour obtenir cette indemnité si légitime.

conservatrice. Mais charretiers et cheval se sont disputés au relai, celui-ci ne se sentant pas de force à aller plus loin. D'autres charretiers se sont alors emparés de lui, lui ont fait manger un bon picotin d'avoine et l'ont fourré entre les brancards d'une autre charrette qu'il faut conduire jusqu'au sommet de la côte.

Le cheval, c'est une justice à lui rendre, s'est, grâce au picotin d'avoine, montré plein d'ardeur : le voilà donc parti d'une allure au goût des nouveaux charretiers. Mais quand il sera là-haut, tout là-haut, couvert de sueur et d'écume, fourbu, essoufflé, ne pouvant plus aller, on le détellera et on le jettera du haut de la côte dans le Montfaucon de la démagogie.

Je ne sais si M. Thiers entend causer les radicaux — non pas ceux qui l'entourent de leur encens — mais les autres, ceux pour qui il travaille, — je ne sais pas davantage s'il lit dans le fond de leur pensée, mais voici leur pensée, voici, dans tous les cas, leur langage, — ce n'est pas ma faute, s'il ne brille pas par l'élégance :

Thiers et Gambetta ne sont que des mannequins pour nous. Thiers a été bon pour hisser Gambetta. Gambetta est la poulie qui amènera les *purs* au pouvoir. Thiers et Gambetta dureront ce que dure une médecine qu'on a avalée. — Il y a mieux que cela au delà.

Cet « au delà » fait frissonner. M. Thiers y aura mis la main.

M. Thiers, qui a fait, au courant de la langue, beaucoup de définitions de diverses sortes, a dit un jour : « La République chez nous mène à l'imbécillité ou au sang. » Le définisseur devrait bien nous apprendre à quel point de cette vilaine route nous sommes aujourd'hui. A notre humble avis, nous sommes au point culminant. Le scrutin du 20 frévier 1876 nous montre d'abord la République conservatrice avec l'imbécilité. Puis un an après, le manifeste des 363 signé par Thiers lui-même nous présente la République radicale avec le sang.

M. Thiers, qui méprise les imbéciles et hait les sanguinaires, va-t-il rebrousser chemin ?

II.

Le second patron du radicalisme, prétendant à la succession du maréchal et du petit Thiers, est le citoyen Gambetta.

Oui, Gambetta soigne, à force, son entrée. Il la veut inévitable et prochaine. Il est convaincu, qu'avant peu de temps, nous aurons la république définitive et qu'il en sera le président. Ce qu'il y a de plus cruel c'est que les badauds lui donneront peut-être raison.

Franchement, je ne puis en prendre mon parti. Ce n'est pas l'effroi qu'une telle perspective m'inspire, c'est la honte. (1) De toutes les humiliations infligées,

(1) Je m'enhardis à publier, sur ce sujet, un sonnet d'une énergique véhémence et qui rappelle la poésie de Juvénal ou du poète Gilbert :

> Grand Dieu ! quel air ignoble a cette République
> On ne peut être vil avec moins de façons.
> On dirait à la voir, une fille publique
> Que traînent à leur suite, cinq ou six polissons.
>
> O honte ! ô châtiment ! le vieux sol monarchique
> En proie aux baladins, aux bandits francs-maçons ?
> En place d'un Bayard, un avocat bachique
> Un Léon Gambetta ! Bourgeois, quelles leçons !!
>
> Sauvons, il en est temps, notre France meurtrie
> Français, débarrassons le sol de la patrie,
> De ces chancres hideux qui la feraient périr.
>
> Hâte-toi, vidangeur. prends ta tonne et charrie,
> Ces immondes gredins, à l'immonde voirie,
> Ils sont mûrs pour l'égoût, qu'ils aillent y pourir !

(UN AMI DU PEUPLE, 1877).

depuis 7 ans, à notre pauvre pays, aucune ne m'a paru plus difficile à supporter.

Gambetta, candidat sérieux à la présidence de la République ! Gambetta gouvernant cette belle France qui n'a su conserver à sa tête ni les Bourbons, ni les d'Orléans, ni les Bonapartes !! Quoi ! même dans son parti, nul autre plus digne que lui d'occuper le premier rang ! Sommes-nous donc tombés si bas ? le niveau moral et intellectuel du pays est-il à ce point descendu ?

La seconde République n'a pas laissé, derrière elle, une trace bien lumineuse et ses parrains, dit *Paris-Journal*, feront dans l'histoire une assez piètre figure. Quelle différence pourtant ! Parmi les modérés : Lamartine, Cavaignac, Arago, Marie ; parmi les radicaux : Ledru-Rollin, même Louis Blanc, même Barbès : c'étaient d'autres hommes. Ils avaient derrière eux toute une vie de travail, d'étude, de dévouement, de services rendus à leur parti. Ils avaient longuement combattu, souffert pour leur cause. Ils lui avaient fait remporter deux victoires : l'avènement du suffrage universel, l'abolition de la peine de mort en matière politique. Ils lui en promettaient d'autres..... Aucun ne fut jugé digne de gouverner la France.

A côté de ces hommes, qu'est donc Gambetta ? En quoi s'est-il montré supérieur à Ernest Picard ? Picard entendait mieux les affaires ; à Ferry ? Ferry a meilleur air avec ses favoris à l'anglaise ; à Montpayroux ? Montpayroux a plus d'originalité et de verve ; à Jules Simon ? Jules Simon sait mieux la politique ; à Jules Favre enfin ? Jules Favre est plus éloquent.

Par quoi Gambetta a-t-il manifesté son aptitude de gouverner ? Qu'a-t-il fait ? Quel est son passé ? C'est ce que je vais vous dire, amis lecteurs, dans une étude consciencieuse mais sévère, pleine de faits et de documents malheureusement trop oubliés aujourd'hui.

*
* *

Gambetta, par sa famille, appartient à la bonne roture du Midi. Son père, Génois d'origine, vendait à Cahors, sur la place de la Cathédrale, de la faïence, du sucre, de la canelle et des raisins de Corinthe. Celui-ci, modeste comme tous les marchands de denrées coloniales, avait coutume de dire en parlant de son fils : « Je suis épicier, je ne pourrai donc en faire qu'*un fruit sec.* »

Le jeune Gambetta grandit dans la mélasse paternelle et ne tarda pas à entrevoir qu'il y avait pour un homme de sa trempe d'autres horizons que la cire vierge et la cassonade. Son père lui-même comprenait les aspirations de son fils qui lui disait, du matin au soir : « Nous ne parlons pas la même langue, je dis cassonade et tu dis *custonade.* »

Aussi en voyant prospérer son commerce et les dispositions du « fiston » comme il appelait son Léon, le père du futur tribun rêva-t-il pour lui de hautes destinées. Or, la plus grande ambition des familles méridionales, a longtemps été d'avoir un prêtre parmi ses membres. Le jeune Gambetta était donc destiné à la soutane, avant qu'il eut songé à revêtir la toge. Mais, dit un de ses biographes, Jules Rouquette, la France n'y a rien perdu « *Son éloquence précoce faisait peut-être présager un Bossuet, nous avons eu un Vergniaud* » Diable !!

Nous sommes loin, à coup sûr, de partager cet enthousiasme républicain ; mais nous citons ce jugement pour indiquer jusqu'où peut aller l'aveuglement des hommes qui ont fait, de notre héros, une espèce de demi-dieu.

Naturellement le jeune Gambetta était mal à l'aise au petit séminaire de Montauban, où sa famille l'avait placé. Cette éducation religieuse, cette claustration asphyxiante, dit encore son panégyriste, cette vie dévote n'allait pas à son âme ardente, à son esprit indépendant et oseur.

On dit que pour quitter le petit séminaire, où il étouffait, il eut recours à un expédient plus ridicule qu'héroïque : celui de se crever un œil, d'un coup de canif. Je ne sais ; mais toujours est-il que c'est de cette époque que date l'accident qui l'a rendu borgne, afin qu'un jour, selon le vieux proverbe : « Dans le royaume des aveugles, ce fut un borgne qui devint roi. »

Passé du séminaire au collége de Cahors, il y polit et y régularisa une hâblerie gênoise, une attitude et des façons perfectionnées plus tard dans les cafés borgnes de Paris. Comme les « aigles » aiment le soleil, il fallait à ce bizarre cyclope le soleil de la grande ville.

En 1857, Gambetta faisait son stage d'avocat, et menait, grand train, ce qu'on est convenu d'appeler la « *vie de bohême.* » Les beaux jours du café Procope ou de Madrid étaient revenus. On y laissait complètement de côté les discussions sur le droit, les arts et la philosophie. On se lançait à fond de train dans la politique et la gastronomie. C'étaient de véritables tournois où Gambetta se faisait remarquer par sa blague ; c'étaient surtout de véritables « *tournées* » ; car les bocks ne désemplissaient pas ; c'était à qui ferait parade de sa « capacité. » On retrouvait là tous les types de la vie dévergondée des étudiants de la capitale : les types chicards, titis, débardeurs, chaloupeurs, flambards et balochards. L'esprit de conversation de ces messieurs-là se mesure au dialogue suivant : « Va donc, vilain masque ! t'as pas le sou pour payer une chope ! — ..... Ohé ! la petite mère, une robe à volants, une couverture à cinq étages..... et du pain ? » ... Et ainsi de suite, le tout assaisonné de quolibets qui saliraient notre papier.

Mais ces scènes d'intérieur ne valaient pas, pour ces « gommeux » étudiants, les promenades de Romainville, les cabrioles du bal Mabille et surtout la descente de la Courtille, le lendemain d'un carnaval.

La descente de la Courtille ou la sortie du dernier bal de l'Opéra, comme vous voudrez, c'est une chose inouie et confuse qui ne peut se rendre que par des hoquets et par des soulèvements d'estomac. Quand un homme de sens a assisté à pareil spectacle, il ne lui reste plus qu'à demander son passe-port et à gagner au plus vite d'autres contrées. — Après avoir dansé, chaloupé et cancané aux bals masqués de la Courtille, à quatre sous le cachet ; après avoir galvaudé et gobelotté toute une nuit chez Demoyers, chez Favié ou aux Folies de Belleville, nos gandins ne sont pas encore satisfaits. Il faut les expulser violemment des guinguettes où ils se complaisent à boire du trois-six, en compagnie de femmes sans nom. Ils s'en vont ivres, écumant, jurant, chancelant sur chaque pavé. Tant pis pour ceux qui tombent ; on les foule aux pieds sur le champ de bataille de l'orgie. Ils chantent des refrains de cet acabit :

> Pour rigoler, restons
> Restons à la barrière !

Ou bien :

> Mais n'attendons pas pour vivre
> Que nous soyons chez les morts.

Et encore :

> Pourquoi boirions-nous de l'eau
> Sommes-nous des grenouilles ?

Oh ! la descente de la Courtille ! Figurez-vous une immense cohue-arlequinique aux milles couleurs, sortant déguenillée, pâle et sale de tous les cabarets borgnes, suant le dégoût par tous les pores, vomissant des infamies sur tout ce qu'il y a de sacré, insultant Dieu, vertu, père, épouse, sœur, interrompant les phrases par des vomissements..... Et les femmes ? Oh ! les femmes ! par pudeur n'en disons rien..... Et cette foule en délire serpente dans la rue, clapotant, glapissant, grimaçant, s'accrochant aux liquoristes et rendant toute cette boisson, toute cette débauche, toute cette volupté de pourceau, en injures, en épithètes empruntées à Piron et au dictionnaire de la compagnie générale de vidanges..... Et après, tous les masques rentrent chacun à leur logis ; plus le sou dans les tiroirs, plus rien !! mais des protêts, mais des commandements et des cartes d'huissiers.

Ah ! si Gambetta se souvient des mauvais jours d'autrefois, (alors qu'il a. passé dix ans de sa vie à gagner 100 francs par mois, dépensés en bocks avec ses amis), qu'il les compare au confortable d'aujourd'hui, maintenant qu'en son hôtel n° 53 de la Chaussée-d'Antin (1), il a toutes les jouissances de la richesse : chevaux, voitures, train de maison, laquais et vils flatteurs payés par la nation.

Oui, payés par la nation ! car Gambetta n'a jamais su

(1) Outre cet hôtel, entre cour et jardin, notre dictateur (qui en 1867 avait un habit percé au coude et un chapeau renfoncé) d'après plusieurs journaux de Paris aurait acheté en 1872 une magnifique propriété, aux environs de Bordeaux et l'aurait payée treize cent mille francs comptant ! O simplicité républicaine !!

gagner un sou, il ignore l'épargne. S'il a fait fortune, on sait comment. Il s'est enrichi comme le joueur qui mettait cent sous sur une chance dans un tripot des bords du Rhin et qui voyait s'amonceler devant lui les billets de mille et les rouleaux de cinquante louis. Il a joué, lui aussi, dans un moment de folle ambition, les destinées de sa patrie ; et ce sont les désastres de la France, appauvrie par les sottises d'une *guerre à outrance*, qui ont rempli les coffres d'un avocat dictateur.

*
* *

Depuis quinze ans les partis se taisaient devant la force de l'Empire. Le Génois fit un calcul. Il se dit : « Si peu que j'élève la voix, on m'entendra dans le silence universel. »

Il parla de la barricade du représentant Baudin ; il en parla par ouï dire, car on ne voyait pas de barricades sous l'Empire ; ce fut son premier, ce fut son dernier, son seul plaidoyer. Son calcul avait été juste. Ni les Marie, ni les Berryer, ni les Dupin, n'avaient eu en leur vie un tel succès. Sa harangue lui valut d'avance la première dictature vacante, comme le geste de Bonnet-Duverdier lui vaudra la députation de Paris. Les démocrates envoyèrent Gambetta siéger au Corps législatif. Il s'était élevé subitement d'un seul coup d'aile.

Mais son ballon devait le rendre immortel et l'emporter bien plus haut. (1)

Danton, dont Gambetta veut jouer le rôle, disait : *De l'audace ! encore de l'audace !* lui, c'est : *de l'aplomb ! encore de l'aplomb !*

____

(1) Un mauvais plaisant s'est amusé à composer les armoiries du citoyen Gambetta, si jamais la République lui conférait un titre nobiliaire quelconque: De gueules avec un bock et un ballon sur azur : Devise: *Sic itur ad astra: Outrecuidance m'élève.*

Cette devise lui a réussi. Au 4 septembre, il envahit la Chambre avec les émeutiers, il exploite nos malheurs au profit de son ambition. L'aplomb est son seul titre, l'aplomb le porte au pouvoir suprême. Il n'attend même pas la fin de la comédie et la proclamation de la République pour faire acte d'autorité. Dès dix heures du soir, quand rien n'était encore consommé, il expédiait des dépêches annonçant la déchéance de l'Empire et il signait : Léon Gambetta, *ministre de l'Intérieur*.

La fortune de la France succombait partout ; la France elle-même succombait et chaque Français pou-dire avec Shakespeare dans Macbeth : « Hélas ! pauvre patrie ! Elle a presqne peur de se reconnaître. Elle ne peut plus être appelée notre mère, mais notre tombe. »

Paris était investi ; les provinces de l'Est envahies étaient impuissantes pour la résistance. Il eut été pré-férable de faire la paix après Sedan ; mais les chefs du Gouvernement craignaient que la paix ne les fit descendre du piédestal où les avait placés la révolution ; il valait mieux continuer la guerre à outrance.

Gambetta offrit à ses collègues d'aller soulever la France contre la Prusse. En réalité c'était pour être dictateur.

Il partit en ballon, sur l'*Armand-Barbès*, le 7 octobre, et descendit dans le département de la Somme. Accla-mé à Amiens, à Rouen par la garde nationale, il s'écrie : « *Faisons un pacte avec la victoire ou la mort.* »

Nous verrons qu'il ne triomphera pas ; mais il se gardera bien de mourir. — Bref il arrive à Tours. Et comme si, en de pareils moments, ce n'était pas assez d'un porte feuille aussi important que celui de l'inté-rieur, il met de côté Crémieux, Glais-Bizoin, l'amiral Fourichon et prend en main la direction de la guerre. Cette présomptueuse démence devait consommer la ruine de la France.

Quoi ! un avocat grotesquement ministre de la guerre, nomme des généraux, les dirige, leur impose des plans de campagne et des ordres de bataille, les blâme, les révoque, les injurie et tente de les déshonorer dans des proclamations boursouflées, ridicules et mensongères !! — Tous les membres de ce gouvernement ont juré de « mourir jusqu'au dernier », pas un seul ne s'expose au plus petit danger. — Me Gambetta, qui a fait, en outre, et en particulier, « un pacte avec la mort », renonce à aller à Orléans, où il avait annoncé sa présence, qui devait tout sauver, parce qu'un bruit court que trois hulans ont tiré quelques coups de fusil sur un train !!

En fuyant à Bordeaux aux approches de l'ennemi du moins il devait avoir la pudeur d'honorer le courage désarmé des valeureux enfants de la Bretagne et ne s'en prendre qu'à son impérétie de la défaite du Mans. Du moins lui et les siens auraient dû fermer leurs théâtres, renvoyer les violons de leurs salles de danse, moins affronter le canon chez le marchand de vin, ne plus chanter et cesser d'insulter à nos deuils par le spectacle de leurs joies.

Tandis que les braves enfants de nos provinces mouraient pour la patrie, tandis que leurs familles attendaient dans les angoisses et les larmes l'issue des combats qui décidaient de notre destinée, à Bordeaux le dictateur Gambetta s'occupait de vendre les huîtres du bassin d'Archachon, se constituait le distributeur *légal* des ressources de la nation, et faisait jouer au Théâtre-Français une pièce bouffonne : *Une Alsacienne dans le pétrin !* Et nous avions perdu Metz et Strasbourg !!

M. de Montferrier, qui se trouvait alors à Bordeaux, a publié une curieuse brochure intitulée: *Le Gouvernement de Bordeaux*, dont voici quelques extraits :

« Gambetta avait à Bordeaux un nombreux entourage d'amis dont les plus célèbres étaient *Spuller* et *Cavalier*.

» M. Spuller était le garde du corps de Gambetta, et veillait à ce qu'il ne fût pas dérangé pendant ses repas.

» M. Cavalier, lui, allait de cabarets en cafés vanter les mérites de son maître et boire à sa santé avec des camarades.

» Tout le reste de la suite mangeait fumait, dormait, et surtout *émargeait* !

» C'était, pour la plupart, de tout jeunes gens, trouvant fort agréable de passer le temps de cette meurtrière campagne autour d'une bonne table et auprès d'un bon feu.

» Gambetta tenait table ouverte ; on vivait sans recherche, *mais on buvait bien.*

» A dix heures du soir, il y avait réception pour les privilégiés.

» Singulière cour ! On y gardait le chapeau sur la tête, l'on vous envoyait des bouffées de tabac en guise de réponse et l'on vous crachait sur les pieds sans crier garé. »

Si tout cela ne s'était point passé en des moments aussi tragiques et aussi tristes, on eut fait sans peine un poëme burlesque de cette cour d'occasion devant laquelle la France s'inclinait ; à côté du personnel civil il y avait le pouvoir militaire, représenté par M. Freycinet.

M. Gambetta en sortant de table lui donnait-il l'ordre souvent non motivé d'expédier cinq, dix, vingt mille hommes à tel ou tel corps ? M. Freycinet qui avait toujours une armée de réserve *dans sa poche*, accordait sans sourciller, sachant que le lendemain ministres et généraux n'y pensaient plus, et *tout était pour le mieux.*

Voici maintenant comment se faisait la distribution

des emplois. Nous empruntons cet extrait à la déposition de M. le capitaine Garcin devant la commission d'enquête :

« Il (Cavalier, dit Pipe en Bois) m'a donné des détails curieux pour nous sur la manière dont on avait distribué des grades quand Gambetta était dictateur : « Des officiers l'avaient *régalé* et il leur faisait avoir de l'avancement. »

Quelle infamie !!

Dans un livre intitulé : *La Guerre sur le Rhin*, M. le colonel Von Rustow, de l'état-major prussien, s'est exprimé ainsi sur les capacités militaires de Gambetta et sur les services que l'ineptie de cet homme a rendus aux Prussiens :

« Il est presque impossible d'admettre qu'aucun homme compétent, parmi les généraux français, n'ait essayé de faire comprendre à l'homme de loi Gambetta l'inefficacité de son personnel de mobiles, et surtout *sa folle présomption* de vouloir, lui, *mince avocat*, s'ériger en général en chef et dicter des plans de campagne à des hommes du métier, dans une situation critique comme celle où se trouvait la France, au lendemain de Sedan.

» *Oui, certes, observations ont été faites à M. Gambetta ; mais il n'a point voulu* les entendre ; et se posant en prophète inspiré, il s'est contenté de répéter sa fameuse phrase : *guerre à outrance.*

» Pour lui faire ouvrir les yeux à l'affreuse réalité, *il eût peut-être été bon de le vêtir des haillons qu'il faisait distribuer à ses soldats* pour la campagne d'hiver, et *de l'incorporer parmi ces malheureux* pendant huit jours seulement.

» Tous les officiers, surtout ceux de la mobile, percevaient clairement dès la fin d'octobre que leurs hommes étaient découragés, non pas tant par suite de leurs défaites réitérées que par *le dénûment en vivres et en vêtements dans lequel les laissait l'administration de M. Gambetta.*

» Or, pour le soldat en général et pour le soldat français surtout, la confiance est la moitié du succès ; et du doute à la défaite il n'y a pas loin. Et comment les armées de la Loire auraient-elles eu confiance *dans l'état moral et matériel où nous les avons vues, n'ayant ni équipements, ni vêtements, ni souliers,* réduites bien souvent à vivre de maraude, *et commandées par des officiers improvisés par la délégation de Tours !...*

» Après Sedan, la France n'avait plus qu'une armée possédant ces qualités essentielles : l'armée de Metz, réduite à l'inaction, et *c'était folie que de continuer la lutte dans de telles conditions ; l'ignorance et l'ambition personnelle des révolutionnaires pouvaient seuls engager la France dans cette voie et la conduire aux derniers abîmes...*

» Dans toute cette campagne de la Loire où, d'ailleurs, la bravoure française est restée ce que Dieu l'a faite, un seul homme nous inspira des craintes sérieuses : le général d'Aurelles de Paladines, dont les talents comme tactitien et comme administrateur fussent peut-être parvenus à tirer un bon parti des éléments qui composaient son armée.

» M. Gambetta, *maître souverain de la France* à cette époque, *n'eut rien de plus pressé que de nous en débarrasser,* ET NOUS NE SAURIONS TROP L'EN REMERCIER, EN NOTRE QUALITÉ DE PRUSSIEN. »

Les observations du colonel allemand sont, à coup sûr, très-fondées.

M. Gambetta a été si odieux comme dictateur qu'on oublie un peu trop combien en même temps il a été grotesque.

Après la bataille de Coulmiers, sur la Loire, cinq corps d'armée pouvaient et devaient être concentrés autour d'Orléans, où d'Aurelles voulait livrer une grande bataille défensive. La folle erreur de Gambetta jeta en avant, dispersés sur vingt lieues de front, ces 200.000 hommes qui furent coupés en deux tronçons et battus séparément par l'ennemi.

Suivons l'armée de l'Est dans sa triste campagne, d'après les documents acquis à l'histoire, et nous verrons encore à quel point le pouvoir du 4 septembre a été coupable et mal inspiré.

Après la rentrée des Prussiens à Orléans, les généraux Bourbaki et Chanzy proposaient à Gambetta le seul plan raisonnable : c'était d'organiser un mouvement concentrique sur Paris, auquel l'armée de Faidherbe aurait coopéré. Bourbaki voulait passer la Loire au-dessous de Nevers, se renforcer, et marcher sur Montargis et Fontainebleau. Chanzy se proposait de prendre par Le Mans la direction de Chartres. Il eût été possible d'envoyer par mer 25,000 hommes à Faidherbe. Ainsi trois armées composées de huit corps et comptant au moins 250,000 hommes, pouvaient être dirigées simultanément sur Paris. Dans ces conditions mêmes le succès était douteux, à cause du morcellement et de la médiocre solidité de nos troupes ; cependant ce plan, énergiquement suivi, eût embarrassé les Prussiens et donné à nos derniers efforts un caractère sérieux, qui eût influé en tous cas sur l'issue de la guerre et les conditions de la paix.

Le général de Moltke s'attendait à une résolution de ce genre ; il présumait particulièrement que Bourbaki et Chanzy se rapprocheraient, pour agir d'accord avec ensemble. Durant plusieurs jours, il crut que le mouvement de notre première armée de la Loire vers l'Est était une feinte. Il ne pouvait penser qu'on lui fît la partie aussi belle. C'est pourquoi il mit du retard à organiser l'armée de Manteuffel et à l'envoyer couper la retraite à Bourbaki. Celui-ci essaya vainement de faire modifier la résolution insensée prise par Gambetta ; l'ordre de marche sur Belfort lui fut impérieusement renouvelé ; et le dictateur, se méfiant de son obéissance et de ses sentiments, lui adjoignit cet étrange commissaire, Wieczflinczki, investi d'une autorité presque absolue.

Rien n'avait été préparé sur les chemins de fer pour accomplir ce mouvement. Les garibaldiens, les préfets, les comités républicains avaient tout désorganisé dans l'Est et dans le Midi ; on s'y préoccupait bien plus de dénoncer et de persécuter les monarchistes et les cléricaux que d'arrêter l'invas'on prussienne.

La malheureuse armée de l'Est, épuisée par le froid et les privations, s'avançait bravement vers la souricière où l'étrange stratégie du dictateur de Tours l'avait jetée. Lâchement abandonnée par Garibaldi (qui s'amusait à faire, à Dijon, des proclamations contre les curés et les riches, au lieu de harceler l'ennemi,) l'armée de l'Est n'avait plus de retraite possible que par les passes difficiles des montagnes.

Mais la criminelle étourderie de Jules Favre, lors de notification de l'armistice, acheva de perdre les troupes du brave général Bourbaki. Il fut contraint de combattre pour se réfugier en Suisse ; la fatigue, le manque d'approvisionnements, les neiges, la lutte qu'il dut soutenir au défilé des Planches lui coûtèrent 5000 hommes.

Tel est en résumé l'histoire des deux armées de la Loire et du Nord-Est.

Elle peint la dictature de M. Gambetta et le dictateur.

C'était l'absolutisme au service de la sottise. On pourrait en rire, s'il s'agissait d'une fiction. Malheureusement ces abominables farces sont une page de l'histoire de France. M. Gambetta, ce grotesque, qui fait, défait et refait des généraux, qui prononce à la minute sur des plans de campagne, n'opérait pas aux Variétés ou aux Menus-Plaisirs comme le général Boum. Il disposait de toutes les ressources de la patrie, et c'est avec de l'or, du sang et de l'honneur qu'il a fallu payer l'humiliation d'avoir accepté pour maître ce funeste braillard.

*
* *

Le côté des marchés n'est pas moins instructif ni moins triste.

Tandis que les pauvres mobiles piétinent la neige et la boue dans les montagnes du Jura ou les marécages du camp de Conlie, qu'ils vont à l'ennemi sans vêtements, sans pain : « *avec des fusils dont les cheminées n'étaient pas percées, avec des cartouches n'entrant pas dans les fusils*, etc. » (Rapport des généraux de Marivault et Malande), à Paris on s'affuble de ceintures de soie, de galons d'or et d'argent, de plumets, de grandes bottes de maroquin rouges, vertes, bleues.

La maison Godillot fournit, à elle, seule pour 150,000 francs de costumes, brodés en or et en argent sur les collets et sur les manches, (*Officiel*).

Il faut lire l'histoire des achats de bestiaux fait par un certain M. F., de Nantes, délégué à cet effet par le gouvernement de Tours.

Le 17 novembre, on concentre 4,500 têtes de bétail à Laval, en vue du ravitaillement chimérique de Paris, espéré à la suite du succès de Coulmiers. On les amène à Orléans, on les ramène à Laval, puis à Landernau. On les promène pendant deux mois sur la ligne, presque sans nourriture, exposés au froid, parqués dans des wagons.

Arrive l'armistice. Le typhus se met dans le troupeau et prend un caractère foudroyant. Il meurt un bœuf *par minute*. 400 soldats sont occupés nuit et jour à enfouir les cadavres. Enfin on charge les 2,000 restants sur deux navires condamnés, en précipitant à fond de cale et en assommant les derniers survivants.

Puis on conduit les deux navires au large d'Ouessant et on les coule à coups de canons. C'est ainsi qu'on parvint à éteindre cet horrible foyer d'infection.

Mais tout ces bestiaux avaient coûté :
TRENTE MILLIONS,
et pas un n'est arrivé à Paris !

Après cette odyssée bovine, celle des pommes de terre : 1,800 *wagons perdus* et 8,000 *tonnes de viandes salées* introduites à Paris après l'armistice, et qui n'ont pu se vendre même à vil prix.

Passons discrètement sur les fournitures d'armes « à canons de fer blanc » et qu'on remettait aux soldats de l'armée régulière, tandis qu'on réservait les fusils perfectionnés aux gardes nationales qui préparaient la Commune de Paris et assassinaient M. de l'Espée, préfet de St-Etienne. (1)

(1) Le 25 mars 1871, M. de l'Espée, préfet de la Loire, fut arrêté, maltraité, par des hommes faisant partie de la garde nationale de Saint-Etienne, puis assassiné par le factionnaire chargé de le garder.

Or, savez-vous depuis quand cette garde nationale insurgée était armée ? Savez-vous par qui elle avait été armée ?

Lisez la dépêche télégraphique suivante, et vous serez édifiés.

Bordeaux, 2 février 1871, 6 h. 50 du soir. — N° 7643. *Intérieur et Guerre à Directeur des manufactures d'armes, Saint-Etienne.* — Si vous avez deux ou trois mille fusils transformés disponibles, ne résistez pas trop aux vœux de la population de Saint-Etienne qui vous les demandera pour s'exercer au tir à la cible, si je suis bien informé. C'est une demande qui m'a été souvent faite sans que j'y aie jamais accédé, mais il peut se présenter telles circonstances où cette concession soit utile.

Voyez le maire et le préfet de Saint-Etienne.

L. GAMBETTA.

Signalons toutefois, pour mémoire, l'ignoble transaction du gouvernement de la Défense à propos des canons Gambetta-Naquet. Quelle inénarrable comédie au fond de ce drame sans pareil ?

Le 20 octobre 1870, dix jours après son arrivée à Tours, M Gambetta, comme le disaient ses biographes, voulait, nouveau Carnot, remplir le trésor, organiser la victoire et remplir nos arsenaux. Hélas ! la Commission des marchés, dans le rapport de M. Riant, discuté le 29 juillet 1872, donne parfaitement à entendre que les citoyens Gambetta, Naquet devraient être poursuivis au moins comme civilement responsables du préjudice causé au Trésor par les dilapidations qu'elle a constatées.

C'était M. Naquet qui recevait les fournisseurs, qui discutait avec eux, qui rédigeait les projets de contrats et les faisait signer par Gambetta. Quand il a proposé de payer 75,000 francs les canons Parott, Naquet savait parfaitement, par M. Lecesne, qu'on pouvait les avoir à 35,000, et jusqu'ici il n'a pu donner une raison plausible de son étrange façon d'agir en cette circonstance. Du reste, la responsabilité de Gambetta n'est pas moins gravement engagée, car le dictateur savait fort bien à quoi s'en tenir quand, le 10 février, en plein armistice, il signait l'ordre de payer ces canons, qu'à cette époque on était en droit de refuser.

Aussi quand M. le duc d'Audiffret-Pasquier, s'adressant directement à Gambetta, lui dit : « Vous aviez été prévenu par M. Lecesne, » l'ex-dictateur proteste par une dénégation énergique.

Ainsi, quelques jours après la signature de l'armistice, M. Gambetta, qui n'avait jamais, pendant la guerre, accédé au vœu de la population de Saint-Etienne de s'exercer au tir à la cible, ordonnait qu'on lui délivrât des fusils en vue de *circonstances où cette concession pourrait être utile.* Cinquante jours après, cette population armée proclamait la Commune et assassinait son préfet.

— Alors, je vais lire la lettre, fait l'orateur.

— Ah ! répond piteusement le cyclope en fermant son œil unique, oui, c'est vrai, j'avais dit non, parce que je croyais que vous parliez d'autre chose.

Puis il essaye de se justifier en rejetant les torts sur la commission, qu'il a lui-même créée ; affirmant qu'il ne pouvait penser en signant un si étrange marché, que les batteries offertes à 35,000 francs étaient de même qualité que celles qu'il payait 75,000 francs. (1) Mais Raoul-Duval rappelle Gambetta ainsi que tous les hurleurs de gauche au souvenir de ce jour où il félicitait si chaudement le duc d'Audiffret de ses attaques contre les marchés de l'Empire, et il ajoute :

« Vous aviez la connaissance absolue de ce qui se passait ; vous saviez qu'il y avait des batteries Parrott à 35,000 fr., et vous signez à 75,000 fr. Vous dites qu'il pouvait y en avoir de bonnes, de médiocres et de mauvaises ; mais n'aviez-vous pas le télégraphe à votre disposition et des agents à vos ordres, n'aviez-vous pas des représentants de la France en Amérique, pour savoir à quoi vous en tenir ? (Nouvelle approbation à droite.)

« Vous deviez savoir que le vendeur de ces armes était le gouvernement républicain des Etats-Unis, le gouvernement de ce grand pays dont les mœurs peuvent en certains points heurter nos habitudes ou nos préjugés, mais où il y a beaucoup de choses aussi que nous

(1) Le journal *La République française* dans son numéro du 4 août 1872 affirme que M. de Pontlevoye « *a été du premier jour au dernier, membre de la commission d'étude des moyens de défense* » La même feuille ajoute que M. de Pontlevoye s'est excusé, comme son ami Gambetta, en disant qu'il ne pouvait croire « *que ce fussent les mêmes canons* ». Etrange comité d'études que celui-là !!!.

Inutile de dire que M. de Pontlevoye n'est autre que le « citoyen » Crogier, ce démocrate d'occasion qui fait broder des couronnes de comte sur ses mouchoirs et voyage en calèche princière, dans le pays de Neufchateau, où bien à tort, il se pose en homme important. Les électeurs feront bien de lui demander son histoire devant Metz.

devrions apprendre, quand ce ne serait que le respect de la loi. (Très bien ! très bien !) »

Que pouvait répondre Gambetta à si terrible apostrophe ? Comme Naquet il présente sa probité inattaquable.

« Rien dans les mains, rien dans les poches ! »

Telle semble être la grande réclame de tous ces farceurs, de tous ces escamoteurs républicains qui n'ont pas l'air de se douter que, alors même qu'ils auraient prouvé qu'ils n'ont pas volé personnellement, le pays aurait encore le droit de leur demander un compte sévère de tant de ruines accumulées par leur faute.

Il est temps que l'opinion publique soit édifiée sur ces incidents qui mettent en pleine lumière tant de faits étranges et navrants. En scrutant les documents authentiques de cette époque, en suivant en détail les soubresauts de toutes ces cascades administratives et stratégiques, on se demande comment certains hommes ont encore le courage d'écrire, de banqueter, de discourir.

*
* *

Oui, banqueter et discourir, telle fut, à son retour de St-Sébastien où il était allé cacher sa honte, et le boursicot de ses « *économies* », la préoccupation constante de Gambetta.

Comme le singe de la fable, il s'écrie :

> . . . . Venez de grâce ;
> Venez, Messieurs ; je fais cent tours de passe passe.
> . . . . , . . Votre serviteur Gille
> Tout fraîchement en cette ville
> Arrive en trois bâteaux exprès pour vous parler :
> Car il parle, on l'entend, il sait danser, baller
> Faire des tours de toute sorte.
> (LA FONTAINE, *Fabl*, 3 l.v. IX).

Désireux de faire connaître et chérir cette république qui lui avait été si bonne, Gambetta a péroré et *balconné* dans la plupart des villes de France. Angers, St-Quentin, le Hâvre, la Ferté, Versailles, Lille, Chambéry et Grenoble ont entendu la voix du saltimbanque prônant la république, sa panacée universelle. Et, chose triste à dire, ce sont toutes ces harangues, ou plutôt cette blague qui ont donné à Gambetta un tel ascendant sur les républicains. Il porte en lui une puissance collective faite de toutes les faiblesses des bons et de la violence des méchants. Ce particulier là a le droit de tout faire et de tout dire. La France en est réduite à faire attention aux paroles d'un Gambetta ! De tous les signes de décadence, celui-ci est le plus triste. Le Prussien c'était la défaite, mais Gambetta c'est la honte, comme nous l'avons déjà dit.

On s'étonne parfois, en lisant les histoires romaines des derniers temps de l'Empire, que le pouvoir ait pu tomber si bas dans la Rome des consuls et des Césars. Nous serons un plus grand sujet d'étonnement à la postérité, quand nous ferons lire dans notre histoire que la France de saint Louis et de Louis XIV a été dominée, par qui ? Par un soldat de fortune élevé sur le pavoi impérial ? Non, par un ancien culotteur de pipes du quartier latin, incapable d'être avocat et devenu dictateur !

Quand Gambetta parle quelque part, ses verbosités sont de la politique ; mais comme rhétorique, ses discours sont misérables. On cherche une idée bien exprimée, une conception nette au milieu de ce flux de paroles débraillées, comme la personne du parleur. Aucun sentiment un peu fort ne parvient à se dégager des ramassis de lieux communs républicains débités dans le plus vulgaire langage. Ce n'est pas dans son

journal *La République française* qu'il faut aller juger
l'orateur revu et corrigé. C'est le texte sténographié
qui est le vrai Gambetta dans toutes ses pauvretés
déclamatoires et ses violences ridicules.

L'immense avantage de M. Gambetta est de ne point
s'occuper de ces agencements et de cette conduite du
discours. Il fait son cavalier seul absolument comme à
la Chaumière, sans regarder où il jette le pied. Sa danse
des œufs consiste à casser les œufs, et son omelette,
battue avec les talons, tire son prix de l'audace avec
laquelle il y mêle les coquilles. Plus on l'écoute, plus
on reconnaît que le bon orateur de foule est celui qui
compte assez sur l'inintelligence de son auditoire pour
ne rougir point des sottises qu'il va dire, ou qui est lui-
même assez sot pour ne pas s'apercevoir des sottises
qu'il dit.

Encore si la passion qui déborde dans les harangues
de M. Gambetta était de la passion vraie ! Mais elle est
fausse, elle est jouée. Le vulgaire peut s'y laisser
prendre ; mais l'auditeur un peu exercé a bien vite
reconnu la ficelle. Il sent que cette fougue est factice,
que cette pose est étudiée, que le coup de crinière a
été longuement répété devant une glace.

J'ai entendu M. Gambetta parler à l'Assemblée nationale. La fin de son discours fut un long rugissement.
Son œil étincelait, son poing crispé labourait la tribune.
Il se démenait à droite à gauche comme une hyène en
furie dans sa cage. La passion semblait l'emporter ;
c'était la pythie sur son trépied, il ne s'appartenait plus.
Quand il descendit de la tribune, on s'attendait à le voir
tomber sur un banc épuisé par la fièvre.... Bah ! au
bout de cinq minutes, la mousse était tombée. Gambetta
faisait une recommandation aux sténographes, deman-
dait en badinant un billet au secrétaire général, serrait

la main à ses amis avec le plus gracieux sourire, et les invitait à faire un tour à la buvette.

* *
*

Cela donne la mesure de cet homme comme orateur. Mais qu'est-il comme homme de gouvernement ? Quel but poursuit-il !

On s'explique malaisément que cet homme qui a fait, avec son œuvre, tinter les oreilles de la chrétienté, qui a bouleversé nos consciences et nos institutions, fait des emprunts et des boulettes, qui a été qualifié de *fou furieux* par M. Thiers, soit redevenu si calme.

On peut comparer Gambetta à un ballon captif qui plane sur l'Elysée, mais dont l'attachée est à Belleville.

Il marche doucement, sans bruit, mais droit devant lui comme un somnambule. Lui dont l'haleine brutale fit replier sur elles, comme des sensitives, tant d'idées de liberté douce et saine, il semble vouloir les ranimer sous son souffle. Souple, il se plie à propos devant les faits et les individus. Chef patient de la Révolution impatiente, il disait à son parti, quand M. Thiers et le duc Pasquier l'attaquaient personnellement : « Ne bougez pas ; moi je n'ai pas entendu ! » M. Gambetta, qui fouettait la patrie comme l'autre tyran la mer, quand la patrie ne lui obéissait pas, obéit aujourd'hui à tout événement et à tout homme qui montent.

Pour retrouver l'éden perdu, la présidence rêvée, il a, depuis, tout tenté, tout bouleversé, tout soulevé, tout apaisé ; il s'est fait couper la queue, puis il l'a fait recoudre, pour la couper encore.

Un jour vint ou Danton voulut se faire conservateur ; mais trop tard. Et M. Gambetta sait ça. Dans chaque peuple, fût-il le plus noble, il y a toujours un cochon qui grogne ; les passions passent ; les appétits demeurent. Et M. Gambetta sait ça. Le suffrage universel, qui a tant de bons côtés, a cela de mauvais que, grâce à lui, trois voleurs ont plus raison que deux gendarmes. M. Gambetta sait ça.

En ces derniers temps, il est devenu l'apôtre de la légalité, de la modération, et il a créé l'opportunisme.

J'ai sondé les harangues de Gambetta et de son ami Ferry pour découvrir leur programme. Mais au milieu d'accusations, de protestations, de récriminations, de menaces, on ne peut, avec la meilleure volonté du monde, y découvrir une idée pratique ou une formule nette.

Ces messieurs parlent vaguement de liberté, de légalité, mais lorsqu'on se rappelle qu'ils ont collaboré au 4 Septembre et comme ils ont usé du pouvoir lorsqu'ils l'avaient, on attache une médiocre importance à leur bavardage.

D'ailleurs depuis l'invention du mot *opportunisme*, on se méfie un peu des déclarations.

L'opportunisme ressemble assez à l'*en tout cas* des femmes et au *cheval de demi-fortune*. Quand M. Gambetta et M. Jules Ferry croient la République sereine, ils attellent *Marianne*, leur jument favorite, au char de l'Etat et se servent de leur parapluie en guise d'ombrelle. Mais si le temps s'assombrit, si le soleil de la liberté est obscurci par un nuage réactionnaire, vite ils sellent leur dada et brandissent leur parapluie transformé en sabre de combat.

Et c'est ainsi qu'aujourd'hui nous retrouvons Gambetta à la tête de la protestation contre la politique du gouvernement légal, avec cette différence toutefois qu'aujourd'hui il a M. Jules Simon et M. Thiers sous sa bannière.

Thiers et Gambetta, également tombés du pouvoir

dans le puits de la fable, délibèrent entre eux sur les moyens d'en sortir. Gambetta offre son échine et dit au petit bourgeois : « Grimpez le premier ; pendu aux basques de votre habit, je m'élancerai ensuite sur la margelle. »

On lui prête ce mot digne de Pompée : « César a franchi le Rubicon, mais je l'attends aux ides de novembre. » M. Gambetta oublie Pharsale.

En attendant, le Titan de l'opportunisme remue ciel et terre. Journaux, réunions, manifestes, propagande, il ne néglige rien pour ameuter le pays contre le nouveau cabinet. Il ne recule devant aucun moyen, et il est en train d'organiser un service de commis-voyageurs politiques, qui iront dans les provinces placer les candidats du Satan foudroyé de Cahors.

S'il a parfois encore la tête dans les régions pures du patriotisme et n'entend pas comme Naquet tout bouleverser en France, il a toujours les pieds dans la fange de son origine. Aussi par une combinaison fatale des choses, Gambetta est-il sans cesse acculé à des actes de révolution.

« Si jamais, disait le journal anglais *Le Times* au mois d'août 1875, si jamais Gambetta voit le triomphe de cette République dont il est l'apôtre, il sera l'instrument de toutes les aspirations inassouvies, l'organe transitoire de tous les programmes antisociaux.

. «Ce sera lui que la populace poussera le premier dans la brèche faite à la légalité. Il sera le premier à parler de l'ordre, le premier à tolérer le désordre ; le premier à invoquer la loi et le premier à la laisser violer ; le premier à maudire l'échafaud, le premier à le laisser construire... le premier peut-être à y monter. »

Encore un peu de temps, et les radicaux déclareront que Gambetta, second cheval de renfort, est, lui aussi,

trop fourbu pour traîner le tombereau démagogique.
On le renverra comme M. Thiers. Marche! marche!
dit-on au juif errant de la République. Marche même
sur des ruines ! et pour peu qu'il hésite on le qualifie
de traître.

Entendez déjà le chœur des partisans de Naquet, des
terroristes sanguinaires de la troisième République, qui
disent à l'unisson :

« Ouvriers, hommes du peuple, ne votez pas pour
Gambetta ; il n'est pas l'homme des prolétaires, c'est
un bourgeois parvenu. »

« Gambetta n'est pas un véritable irréconciliable ; il
a prêté serment à Napoléon III ; et, si l'Empire avait
duré, il serait sans doute devenu ministre, comme
E. Ollivier. »

« Gambetta, plus timide que Lachaud, n'a pas osé
défendre, devant les conseils de guerre, un seul
communard.

« Gambetta, pendant la Commune, s'est prudemment
sauvé sous les orangers de St-Sébastien.

« Aujourd'hui Gambetta roule plutôt qu'il ne marche.
Il a grossi, et son ventre rebombé marche devant lui.
Il est riche, il est heureux, il vous méprise ; ouvriers
de Belleville, repoussez cet homme, il n'est pas digne
de vous. »

O France, recueille-toi !

Les trois étapes, tu les connais. Thiers, Gambetta,
Naquet ! La pente, tu sais qu'elle est glissante.
L'abîme, tu le vois, est plein de boue et plein de sang.

Comprend enfin que ce n'est pas un vieillard de 81
ans, décrépit, tirant le pied et qu'on roule, tous les
soirs, dans des couvertures, qui peut avoir la force
d'enrayer le tombereau radical qui porte la guillotine et
le pétrole.

Rappelle-toi les maux que t'a causés la *dictature de l'incapacité*, ce Gambetta hâbleur de palais et de journal qui a défendu si indignement ton honneur et tes intérêts.

France, tu approches du gouffre. Il en est temps encore.

Arrête-toi !! ou prépare ton cercueil !!!

Si par un malheur, que tous nos malheurs précédents rendraient plus grand encore, c'était le radicalisme qui triomphe, n'oublions pas un seul instant que le pays serait voué à toutes les catastrophes. Il n'y a plus de distinction subtile à faire, plus la moindre illusion à conserver.

Thiers, Gambetta, Naquet, c'est tout un. Avec Thiers noyé dans le radicalisme, avec Gambetta et Naquet c'est le retour de tous les communards, le triomphe de tous les gredins ; c'est l'avènement inévitable de la Commune, c'est le réarmement de la garde nationale, c'est le rappel dans la rue, c'est la promenade des baïonnettes et des canons ; c'est la guerre civile, c'est le travail suspendu, le commerce arrêté, c'est la ruine générale, et sans doute aussi une nouvelle invasion.

Réfléchissez, bourgeois, travailleurs de toutes conditions, industriels, commerçants, et vous aussi, habitants des campagnes. Restez avec le maréchal qui vous protége et ne vous laissez pas mettre le pied sur la nuque par la canaille qui vous trompe et qui vous exploite.

Mirecourt, typ. Chassel.